AF242526

LE
PEUPLE FRANÇAIS

DOCTEUR MÉDECIN

DONNANT SES CONSULTATIONS GRATUITES A CINQ PUISSANCES

QUI SONT INDISPOSÉES DEPUIS LA GUERRE D'ITALIE

PAR C. P.

PARIS

E. DENTU, LIBRAIRE-ÉDITEUR

GALERIE D'ORLÉANS, 13, PALAIS-ROYAL

1861

PRÉAMBULE

L'année 1860 a été féconde en brochures sur l'Italie ; elles se succèdent avec une telle rapidité, que ce n'est pas seulement un feu roulant, mais un feu croisé qui n'a pas de temps d'arrêt ; c'est une avalanche qui nous bouleverse, un déluge qui nous inonde; en un mot, c'est la fièvre du moment, et la contagion en est si grande, qu'ayant passé vingt et une fois dans la même semaine, y compris le dimanche, devant les vitrines de l'éditeur Dentu, j'ai, sans m'en apercevoir, attrapé cette maladie; me voyant ainsi pris, j'ai résolu, pour éteindre cette fièvre brûlante, de me jeter dans ce fleuve qui nous submerge, au risque de m'y engloutir. Après avoir fait travailler ma plume pendant que Garibaldi fait reposer sa glorieuse épée..... mais rassurez-vous, je n'étonnerai pas comme lui l'univers de mes prodiges, et je ne ferai pas trembler autant de consciences qu'il fait trembler de souverains..... ce que je désire, c'est d'édifier mes lecteurs sur la maladie de chaque puissance, et pour cela, il est indispensable d'entrer dans le transept de cet opuscule, qui n'est pas étincelant de lumière, l'auteur n'étant pas rhétoricien ; vous ne rencontrerez point de fleurs de ce genre, attendu qu'il n'a jamais rien cultivé dans le jardin de la science ; il ne s'est même pas approché des plates-bandes, il s'est contenté d'en respirer le parfum chaque fois que le vent l'a porté vers lui. C'est pourquoi il s'en réfère à son lecteur pour qualifier son œuvre ; soit burlesque ou facétieuse, elle n'en aura pas moins pour résultat de faire connaître les moyens que le grand Docteur emploie pour arriver à la guérison de ses malades.

LE

PEUPLE FRANÇAIS

DOCTEUR MÉDECIN

La consultation a lieu le 2 décembre 1860, à midi précis, jour anniversaire de la fête de saint François-Xavier. — Les puissances qui ont besoin de la consultation, sont : l'ANGLETERRE, l'ALLEMAGNE, l'AUTRICHE, la SARDAIGNE et la PORTE. — Ces cinq puissances sont réunies à l'avance dans le salon d'attente. — Le DOCTEUR arrive à midi précis dans son cabinet; il s'asseoit sur le grand fauteuil de la consultation. — Un domestique en livrée introduit les personnages.

L'ANGLETERRE SE PRÉSENTE.

LE DOCTEUR.

Ah! vous voilà, fière Albion, il faut que vous soyez bien indisposée pour être venue à ma consultation. Veuillez donc vous asseoir et m'expliquer les motifs de votre visite ?

L'ANGLETERRE.

Cher Docteur, je dois vous dire que depuis plusieurs années j'éprouve un malaise que je ne puis définir. Je suis continuellement agitée ; j'ai mal dans tous les membres ; mes côtes sont tellement sensibles que je ne peux y toucher sans éprouver de grandes douleurs ; enfin je suis comme ces vieilles académies qui tombent de vétusté et je suis, de plus, en proie à une insomnie complète.

LE DOCTEUR.

Voyons l'état de notre pouls. Ah ! diable ; c'est sérieux. Quatre-vingt-dix pulsations à la minute, ceci nous indique une inflammation au suprême degré ; qui, jointe à l'extrême agitation nerveuse qui vous domine, et le point que vous ressentez au côté ; tout cela réuni, pourrait se tourner en pleurésie et déterminer une fluxion de poitrine, suite inévitable des excès de parlements que vous avez commis.

Cette maladie est d'autant plus dangereuse qu'elle menace de se porter sur vos côtes ; ce qui, pour vous, est d'un sinistre présage ; il est donc de la plus grande urgence d'y porter remède, car le mal une fois fixé sur cette partie de votre corps, il compromettrait gravement votre existence et vous ne pourriez en accuser personne que vous-même.

L'ANGLETERRE.

Moi-même, et pourquoi cela ?

LE DOCTEUR.

Le pourquoi, je vais vous le dire.

C'est parce que vous avez toujours la manie de vous porter en avant sur toutes choses et que, quand le moment d'agir est arrivé, vous restez toujours en arrière, ne manquant jamais d'alléguer un alibi pour vous couvrir ; caractère complexe, faisant tout par opposition, vous avez toujours fait beaucoup de bruit et de tapage pour exciter les esprits et tout cela sans résultat pour vous. Et pour n'en citer qu'un exemple, je me bornerai à vous reporter, sans plus de rétroactivité, à l'année 1859.

Au moment où la guerre d'Italie se préparait ou plutôt que vous l'aviez vous-même préparée par vos conseils ; à cette époque, du haut de vos tribunes parlementaires, vous lanciez vos forfanteries pour encourager de part et d'autre les partis à en venir aux faits ; et l'instant de l'action étant arrivé, c'est en vain que je vous aurais cherchée ; j'aurais eu beau me baisser, je n'aurais pu vous trouver, attendu que vous ne faites jamais rien pour les autres, sans qu'il y ait pour vous un préciput convenu d'avance.

Mais, Dieu soit loué, j'ai pu sans vous, faire une assez abondante moisson de lauriers dans les champs de la Péninsule ; ce qui, pour vous, est de peu d'importance, parce que vous ne savez rien prendre sur l'hôtel de Délos, ses palmes vous sont étrangères. Vous ne tenez pas à vous ombrager avec ses pampres, vous ne les entasserez jamais, par la raison que vous n'avez ni la force ni l'adresse de les cueillir et que vous êtes assez ombrageuse de votre nature. Ce qui le prouve, c'est votre politique, qui n'est qu'un va et vient continuel, politique caute-

leuse parcourant les sentiers les plus tortueux de la diploma-
tie, cherchant sournoisement les moyens de porter un coup
imprévu à celui-là même que vous traitez d'ami ; vous devriez
cependant savoir que vos ruses sont toutes connues, et votre
entrevue de Coblentz n'a rien qui me surprenne, mais n'a
non plus rien qui m'inquiète, pas plus que le triumvirat de
Varsovie que je compare à la montagne accouchant d'une souris.
Quand je vois ces trois souverains réunis, je crois voir trois ti-
sons à moitié consumés, se rapprochant l'un de l'autre et
cherchant à se tisonner pour rallumer le feu de la coalition
qui n'a pu prendre ; malgré le grand ventilateur de la discorde
que vous avez fait fontionner, son souffle n'a produit qu'un
imbroglio de plus, ce qui ne doit pas vous satisfaire, car là encore vos conseils ont échoué, et pour donner le change sur
cette entrevue, vous vous prenez d'enthousiasme pour les Italiens comme si vous aviez fait tout pour eux ; c'est toujours
ainsi que vous réglez votre conduite sans initiative, vous con-
servant partout une porte *pivotante* afin de pouvoir, furtive-
ment, entrer et sortir suivant les circonstances. Enfin, si malgré
cette nouvelle déception *varsovienne*, il vous prenait quelques
velléités belliqueuses, rappelez-vous que le temps n'est plus
où on vous nommait la souveraine du monde et où votre puissance semblait une massue suspendue sur la tête de certains
peuples. Vous avez perdu, dans leur esprit, une grande partie
de votre prépondérance, résultat inévitable de votre machia-
vélisme. C'est ce qui vous aigrit le caractère, engendre chez
vous la jalousie, la défiance, exclut toute franchise, bannit
toute loyauté et inocule dans vos veines le vaccin de l'ingratitude au point qu'on peut, avec vérité, vous appliquer ces
vers :

L'Angleterre n'est qu'une froide femelle,
Oubliant les autres pour ne penser qu'à elle.

Vous allez peut-être vous formaliser de mes expressions ; mais quand un malade vient me consulter, j'ai l'habitude de lui dire la vérité afin de l'éclairer sur sa position.

C'est seulement cela que je viens de faire en vers. Je me dispenserai de vous parler de votre mérite du pugilat dans lequel vous excellez. Dieu me garde de votre exemple. Mais ce que je dois vous dire, c'est de calmer vos inutiles et impuissantes colères, elles ne servent qu'à vous rendre plus ridicule et à prouver que tous vos systèmes sont hétéroclites et mensongers.....

Ici encore vous pourriez vous fâcher si je ne vous avais préparée à entendre toute la vérité relativement à votre position. Cependant, si cela vous affecte trop, vous pouvez pour vous consoler porter un toast aux traités de 1815, moi je porterai le mien au traité de Solferino, attendu que c'est là que j'ai brûlé les derniers tronçons, et arraché les dernières racines de cet arbre planté par la coalition européenne et dont vous auriez dû avoir honte pour vous même. Et cependant je ne vous en ai point gardé de rancune, vous en avez une preuve toute récente par le traité de commerce que j'ai fait avec vous, ce qui prouve que connaissant votre insinuante politique, je connais aussi les besoins des peuples qui n'aspirent qu'à vivre en bonne intelligence, car ils ne sont nullement ennemis entre eux. Ce qui les divise malheureusement trop souvent, ce sont les mauvais systèmes de gouvernement qu'on leur fait subir et dont ils savent s'affranchir tôt ou *tard*, témoin le tableau qui se déroule en ce moment devant nous, et qu'on aurait pu éviter si on avait écouté mes avis.

Enfin j'espère encore qu'une entente cordiale existera entre nous, comme elle existe entre nos deux peuples, et soyez persuadée d'avance que cet exemple sera suivi par les autres nations ; c'est le seul torrent dans lequel nous devons chercher à les entraîner ; c'est aussi le seul moyen d'améliorer leur existence et de préparer l'avenir pour le plus grand bien de l'humanité.

Et maintenant que les choses en sont là, pour me servir d'une expression vulgaire, je vous dirai : revenons à nos moutons. Je veux dire, causons de votre maladie ; je vous ai dit qu'elle était très-dangereuse attendu qu'elle se porte sur vos côtes ; mais, pour vous rassurer et vous prouver que je n'ai pas l'intention de vous les *casser*, je vous engage à suivre l'ordonnance suivante :

Ordonnance.

Rester calme, parler peu (très-peu) et sans fiel, si cela vous est possible, afin de ne pas attraper une asthnie humide ou un spleen, ce qui serait un surcroît de danger pour vous, à cause des brouillards de la Tamise, qui sont si forts qu'ils pénètrent jusque dans vos *âmes*, voilà pourquoi il n'en sort jamais rien de clair ; ne pas vous échauffer le sang comme vous avez l'habitude de le faire, en cherchant continuellement à vous immiscer dans les affaires des autres nations, comme si, à vous seule, vous deviez régler les destinées du monde. Et sans faire ici un cours d'étiologie, je vous engage à ne plus rêver canons, marine, fortifications, expéditions et soldats ; ce sont de ces choses avec lesquelles je vous recommande de ne pas jouer, vous compromettriez votre existence et votre fortune ; vous pourriez y perdre vos versants, et dans la bagarre déchirer votre madras, et perdre en outre le plus bel ornement de votre plumet, qui est la plume dinde.

Allez, exécutez en tout point la présente, et votre santé s'en trouvera bien.

L'ALLEMAGNE SE PRÉSENTE.

LE DOCTEUR.

Comment ! jeune femme, vous aussi à ma visite, il est vrai que vous paraissez bien souffrante. Veuillez, je vous prie, prendre la peine de vous asseoir et dites-moi ce que vous ressentez ?

L'ALLEMAGNE.

Grand docteur, ce que je ressens est une douleur continuelle de l'épine dorsale, ce qui me donne de fréquents lombagos.

LE DOCTEUR.

Comment, vous si belle, si coquette et si fière au temps où j'habitais votre pays. A cette époque vous faisiez l'admiration de vos voisins, dont plusieurs enviaient votre sort et votre position. Vous étiez vraiment si fraîche que je vous aurais volontiers posé ma couronne sur la tête, et maintenant, voyez donc dans quelle situation vous êtes, vous avez la tournure d'une centenaire, vous êtes courbée comme si vous aviez vécu dix siècles ; je comprends cela chez votre bisaïeule l'Autriche, qui est si vieille qu'elle ne peut plus marcher ; c'est à peine si elle peut se tenir debout, et le plus pénible pour elle, c'est qu'elle n'a pas les moyens de se soigner ; voilà ce qu'il arrive quand on va trop vite en dépense ; on est obligé de chercher à emprunter, et quand on est vieux, caduc et qu'on n'a rien, on ne trouve pas la monnaie dont on a tant besoin. C'est ce qui vient d'avoir lieu chez elle, puisque c'est à peine si elle a pu faire son emprunt. Mais vous, vous n'en êtes pas réduite à ce point, tant il s'en faut ; et c'est à la fleur de votre âge que vous restez dans l'état où vous êtes. Combien de temps encore vous traînerez-vous donc au pilori de ces puissances qui vous couvrent de leur manteau de plomb, qui vous écrase et paralyse tous vos mouvements, ce n'est qu'en vous en dégageant que vous pourrez respirer l'air de la régénération dont vous avez tant besoin. Et quand vous aurez secoué le joug qui vous oppresse vous pourrez reprendre les fraîches couleurs que vous avez perdues et que vous regrettez tant ; mais vous n'osez rien de tout cela, parce que vous êtes craintive et peureuse. En fille soumise, vous craignez de désobéir à vos ancêtres ; quand je dis ancêtres je ne parle pas de votre voisine la Prusse, puisque c'est à vos dépens qu'elle a établi son royaume, ni de l'Autriche à qui je pourrais reprocher tant de spoliations, telles que la Hongrie, la Bohême, la Croatie, la Westphalie, la Poméranie et autres, ainsi qu'une partie de la Pologne, dont la Prusse possède aussi un morceau qu'elle a joint à ceux qu'elle vous a pris et dont elle est aujourd'hui possesseur.

Et tout cela par le droit du plus fort. A cette époque c'était la seule loi, et il fallait s'y soumettre ; aujourd'hui la loi d'un peuple c'est sa volonté, c'est son droit, il est imprescriptible, inaliénable et sacré, il peut librement l'exprimer ; et dès l'instant où il veut s'affranchir chez lui, il en est libre, partant qu'il ne dérange pas ses voisins. Je ne vous donnerai pas le conseil d'imiter les diverses provinces péninsulaires ; cela n'est pas dans vos idées du moment, et cependant voyez les Italiens, ils n'ont jamais oublié leur vieille mère, et aussitôt qu'ils se sont senti la force que donne la majorité, en bons fils, ils lui ont rendu ce qu'elle même leur avait donné (la vie). Donc ce ne sont pas des enfants ingrats. . . . .

Et vous feriez de même que vous ne seriez pas blâmable, car l'enfant qui ramène à la vie celle qui lui a donné le jour fait une action qui est bénie par Dieu même qui lui en donne tôt ou tard la récompense. Mais vous ne comprenez pas ce langage ; bien qu'entourée de théologiens allemands et savants, vous êtes encore dans les limbes des anciens préjugés, et vous n'avez pas croyance dans le droit nouveau. Cependant son progrès vous atteindra un jour, qui je crois n'est pas éloigné, car ce droit est la personnification des principes de 89 à l'occasion desquels un grand orateur a fait entendre ces sublimes paroles : La Révolution de 89 fera le tour du monde. Il entendait alors l'application de ces grands et nobles principes par des moyens légitimes ; c'est ainsi que doit se constituer le droit nouveau, qui, lui aussi, fera le tour du monde et fera passer à la postérité le glorieux nom de celui qui le fait prévaloir. . .

Mais en attendant, je vous le répète, à la fleur de votre âge, par la position que vous occupez, l'intérêt que je vous porte, et les souvenirs de nos anciennes et bonnes relations, il m'est impossible de vous laisser dans la position où vous êtes réduite, il faut absolument que je vous sorte de là, car vous devez être maintenant bien convaincue que l'existence que vous avez ne peut vous convenir, entre cousins, cousins germains, issus de germains, tout cela fait un amalgame qui ne peut produire que confusion, attendu que les éléments qui composent votre existence sont hétérogènes et nullement en rapport avec vos besoins ; il s'en est suivi un énervement complet de vos forces, qui doit causer un grand ravage à votre santé. Ce résultat était inévitable, il vient de la force des choses. . . . . Mais il ne faut pas vous en effrayer, il y a du remède ; vous avez atteint

l'âge de puberté, il y a plus, vous êtes majeure, en conséquence vous pouvez, sans le consentement de votre tuteur et
subrogé-tuteur, former l'alliance qui vous conviendra, je me
charge de vous en procurer une qui relèvera votre dignité et
vous rendra la grandeur de votre nom. Vous avez de grandes
et nobles aspirations, mais vous n'osez pas encore les manifes-
ter, il y a chez vous de la crainte, mais il y a aussi de l'avenir,
beaucoup d'avenir. Votre pays possède une quantité considé-
rable de germes d'intelligences qui n'ont besoin que d'être bien
cultivés pour produire. Je me chargerai seul des frais de dé-
frichement, ayant en ma possession tous les engins nécessaires
à cette opération, et le terrain étant bien labouré, j'y ensemen-
cerai des graines de bonne qualité, je passerai dessus la herse
du progrès, afin de couvrir ma semence, et je vous garantis
d'avance une abondante récolte. Du reste, vous savez que mes
moyens sont infaillibles, puisque là où le vent a pu transporter seulement quelques graines de mon maïs rénovateur, il a
produit bon gré malgré, et a laissé de profondes racines. Enfin
je crois que vous m'avez compris : revenons maintenant à
l'objet de votre visite.

Par ce qui précède, vous devez reconnaître que je suis parfaitement édifié sur la nature et l'origine de votre maladie ;
en conséquence, vous pouvez avoir confiance en votre Docteur,
car il n'a jamais induit ses malades en erreur. Veuillez donc
avoir l'obligeance de vous coucher un instant sur ce lit afin que
je puisse vous palper convenablement...

LE DOCTEUR palpe la malade.

Madame, vous pouvez maintenant vous relever, et j'ai
fait tout ce que mon art me commandait de faire, et je

vais vous donner connaissance des résultats de mon examen.

Vous avez au-dessous du cœur quelques taches lentilleuses un peu rousses, mais elles ne sont point dangereuses. Vous pourriez, cependant, éprouver un peu de souffrance, mais cela serait sans gravité, attendu que la transaction se ferait immédiatement. Le plus dangereux dans votre position c'est que, depuis plus de quarante ans, vous avez mal au Rhin ; c'est ce qui cause vos plus grandes inquiétudes et ce qui vous fait le plus souffrir. Je le comprends aussi bien que vous, et c'est précisément-là que je veux appliquer le remède en attaquant le mal dans sa racine, afin de vous affranchir des maux que vous endurez depuis si longtemps et extirper de votre pays l'hétérogénéité qui vous dévore.

En attendant ce spécifique, qui demande une sérieuse préparation, je vous engage à rentrer dans vos foyers et à bien exécuter l'ordonnance que je vous prescris :

Ordonnance.

Repos complet, ne vous occupez de rien, absolument rien ; calmez votre frayeur, prenez vos repas comme d'habitude, surtout défiez-vous de ces charlatans qui parcourent vos contrées, ils vous ordonneraient avec intention des médicaments qui ne feraient qu'aggraver votre position et compromettraient votre existence. Pour l'instant, vous n'avez besoin que d'une boisson rafraîchissante que vous composerez comme il suit :

Savoir :

Deux bouteilles d'eau du Rhin ;

Et deux bouteilles d'eau du Mein, réunies ensemble, vous y annexerez un kilo de mon miel de *Savoie* et un demi-kilo de mes feuilles d'oranger de *Nice*. Le tout infusé pendant vingt-quatre heures, et vous en prendrez un verre tous les matins en vous levant, un verre entre chaque repas et un verre le soir en vous couchant. Cela vous disposera à recevoir le grand remède que je vous prépare, c'est un baume de ma composition avec lequel je vous frotterai moi-même en face d'un grand feu. Cela vous sera très-salutaire, et une bonne friction suffira pour faire disparaître votre lombago. Alors vous pourrez vous redresser avec force et vous marcherez aussi droite et aussi fière qu'au temps où nous vivions ensemble et mangions à la même table.

Allez, jeune dame, dormez tranquille, et surtout observez bien ce que je vous recommande et tout danger disparaîtra pour vous.

L'AUTRICHE SE PRÉSENTE.

LE DOCTEUR.

D'où venez-vous donc, Madame, est-ce que vous sortez de la mer Glaciale. Vous êtes toute pâle et toute tremblante, le frisson vous domine. Oh ! mon Dieu, comme vous êtes vieillie depuis que je ne vous ai vue ; il n'y a cependant pas si longtemps, notre dernière rencontre a eu lieu à Solférino ; je pensais en vous quittant que le repos aurait amené votre rétablissement ; et c'est tout le contraire ; vous êtes encore plus malade qu'à ce moment-là. Votre position est vraiment très-alarmante pour vous et, puisque vous êtes venue me consulter, je vous engage à ne rien me cacher et à me dire toute la vérité. Vous avez quelque chose qui mine votre tempérament, il est dans votre intérêt de m'expliquer ce que vous ressentez.

L'AUTRICHE.

Ce que je ressens, c'est une inquiétude continuelle, tous mes membres sont engourdis. Je suis tourmentée tous les jours, et les nuits sont bien plus terribles encore ; j'ai des visions qui me font peur ; je fais des rêves affreux. J'ai des cauchemars qui m'étouffent, et je n'ai plus d'appétit, et pas même d'appétition. Toutes espèces de désirs sont anéantis chez moi, et je vous avoue que je ne marchanderai pas le remède qui pourra me guérir.

LE DOCTEUR.

C'est bien ! D'après vos explications je suis parfaitement au courant de votre maladie, et je crois pouvoir vous en expliquer les causes, car il y en a plusieurs ; d'abord pour les tourments que vous endurez, la cause est toute trouvée, c'est ce diable de Garibaldi qui en est l'auteur ; lui seul trouble votre esprit. Pourvu, toutefois, qu'il ne vous trouble que cela, car il a déjà troublé tant de choses qu'il a su remettre au clair ! Pour ce qui est des visions que vous avez, elles ne sont pas sans motifs, car vous devez visiblement vous apercevoir que beaucoup de choses vous échappent, ce ne sont donc pas des visions, mas bien des réalités, puisque Dieu vous les fait voir chaque jour. Quant au cauchemar qui vous étouffe, il vous est facile de vous en dégager, c'est le reste du fardeau que vous avez pris sur vous, qui vous écrasait depuis longtemps et dont vous êtes en partie débarrassée. Ce reste de fardeau qui cause votre cauchemar, c'est la Vénétie. Je vous engage donc à vous en débarrasser le plus tôt possible ; alors vous n'aurez plus rien sur votre conscience et vous pourrez au moins vous reposer et dormir tranquillement ; dans le cas contraire, ce diable de Garibaldi tournera son regard d'aigle de ce côté, et vous savez que c'est un rude champion ; il va si vite en besogne que personne ne sait où il s'arrêtera, bien qu'en ce moment il se repose, en nouveau Messie il reparaîtra avec le soleil du printemps. L'auréole de la gloire sur la tête et conduit par l'invisible main de Dieu, il achèvera la rédemption de ses frères et fera de l'Italie la nouvelle Jérusalem délivrée. Voilà le météore produit par ce volcan dont vous avez vous-même ouvert le cratère. Sa bouche communique le feu ; ses yeux de lynx embrassent une partie de l'univers ; voilà l'homme qui vous cause tant de tourments, qui vous donne la *venette*, car vous l'avez dans toute *sa force*. Et tout cela par votre faute. Je vous ai prédit tout ce qui vous arrive. Lors de ma dernière visite dans la maison de conversation, je vous ai dit qu'un souverain ne devait puiser sa force que dans la source de bonheur et de bien-être qu'il procure aux peuples qu'il est appelé à gouverner : et vous n'avez pas porté attention à cette partie de notre entretien. Je vous ai dit aussi que la seule ancre de salut que vous deviez jeter dans cette mer orageuse était l'ancre de réforme et d'émancipation. Je vous ai signalé la sympathie des peuples les uns pour les autres et leurs aspirations vers la liberté, ce qui doit infailliblement et sous peu de temps faire tomber le reste de la vieille croûte des anciens préjugés qui s'éteignent de jour en jour et que nul moyen phosphorique ne pourra rallumer, attendu que le *droit nouveau* est aujourd'hui le seul *phare* qui, du haut du promontoire le plus éloigné, doit éclairer l'horizon des *peuples*. Tenez-vous donc comme bien avertie pour la dernière fois ; et malgré tout ce qui se passe, il ne faut cependant pas vous laisser abattre, bien que vous soyez à l'âge de la caducité, il faut vous faire une raison, chaque chose a son temps, et quand un grand artiste a joué sur un grand théâtre, sans y avoir fait fortune, il se résigne à jouer sur un petit afin de conserver au moins son nom jusqu'à la fin de son existence.

Les rôles n'ont plus la même importance, cela est vrai ; mais que voulez-vous, en bon chrétien, il faut accepter ce que Dieu nous envoie : c'est le seul conseil que je peux vous donner dans la position où vous vous trouvez ; mieux vaut encore vivre petit que de mourir grand ; et comme vous n'êtes pas heureuse dans vos campagnes, je vous engage à n'en pas provoquer d'autres, par la raison que vous ne devez pas être satisfaite de la dernière que vous avez vous-même commencée en faisant abus de votre force contre un petit État que vous vouliez écraser..... C'est alors, comme toujours, que j'ai pris la défense du droit et de l'opprimé, et vous savez ce qu'il est advenu. Comme l'araignée, vous êtes prise dans votre toile, et votre hydre est contrainte ou forcée de se soumettre. Voilà pourquoi vous recherchez l'alliance de la puissance que vous avez payée d'ingratitude lors de la guerre de Crimée, pour la récompenser des services qu'elle vous a rendus quand l'héroïque Hongrie, par un sentiment national qui n'est pas éteint et par une juste représaille, était prête à vous anéantir. Cette alliance vous fût-elle même accordée, qu'elle ne sauverait pas votre *ruine* et n'effacerait jamais les humiliations que vous avez reçues dans les guerres de Turquie et d'Italie, et celles que vous subissez encore en mendiant votre vie. Vous n'en seriez pas là si vous aviez suivi mes conseils, vous ne seriez pas réduite aujourd'hui à implorer l'assistance publique chez vos voisins qui vous la refusent ; car combien de temps avez-vous promené en divers pays le sac de la mendicité, sans qu'il soit tombé dedans la millième partie de ce que vous demandiez pour vous relever du coup que vous avez reçu à la campagne d'Italie pour laquelle vous avez tout sacrifié ; et maintenant que vous ne pouvez plus vivre de vos propres forces, faites comme ces vieillards aveugles, en nouveau Bélisaire, promenez-vous avec la besace sur l'épaule et la sébile à la main ; voilà la position que vous vous êtes faite en méconnaissant les avis que je vous ai donnés. Dans une de mes correspondances précédentes, aux événements derniers, je vous disais que l'amour d'un peuple pour son souverain valait mieux que toutes les forteresses du monde ; mais soit par entêtement ou par suite de mauvais conseils que vous avez acceptés, vous avez provoqué l'orage que je voulais éviter, vous avez cru que je craignais de me rendre sur le terrain, j'ai dû vous prouver que vous étiez dans l'erreur, que je ne redoutais nullement votre rencontre ; et comme vous voyez, cela ne m'a rien fait ; j'étais seulement un peu fatigué ; mais au moyen de plusieurs bains que j'ai composés avec l'eau d'Aix, de Salin, de Bride, de Bonneval, d'Epagny et autres que j'ai annexées aux précédentes, je me suis bien rafraîchi et je me porte on ne peut mieux.

Il n'en est pas de même de vous ; vous êtes dans un état presque épileptique et affectée d'une énorme varice qui paraît disposée à se fixer sur la veine principale. Ce mal est déjà tellement invétéré, que je ne réponds pas de votre guérison ; je ne dois même pas vous laisser ignorer que pour conserver le corps, il faudra forcément vous extraire la veine ; c'est une opération dangereuse, mais avec beaucoup de précaution on peut encore vous sauver la vie ; et comme je sais que vous n'êtes pas riche, je vais vous donner les remèdes les moins onéreux :

Ordonnance à suivre.

Prendre matin et soir un bain composé par moitié d'eau du Rhin et moitié d'eau de Venise, y annexer cinq kilos de tan de Hongrie ; cette annexion est indispensable pour former le liniment nécessaire, afin d'arrêter s'il se peut votre lipothymie. Au sortir de votre bain, il faut avoir soin de vous couvrir d'une grande nappe ; je sais que vous en avez une de moins à votre service, mais il doit vous en rester, qu'elle soit surtout en toile de Venise, elle est préférable à toute autre ; je vous engage même à en faire une bonne provision, ainsi que de ses eaux et de celles du Rhin et du tan de Hongrie, attendu que toutes ces choses sont très-recherchées en ce moment, et que vous pourriez en manquer d'un instant à l'autre.

A propos de Hongrie, je crois que vous feriez bien de lui restituer ce que vous lui avez pris (*sa nationalité*). Vous savez que c'est le besoin naturel des peuples ; si vous ne la lui rendez pas, elle vous fera sommation, et si vous vous obstinez à ne pas répondre, il s'ensuivra un procès que vous ne pourrez porter devant aucune cour de justice, attendu que vous ne trouverez pas d'avocats qui voudraient se charger de votre défense, et tout sera perdu pour vous ; vous serez réduite à plaider votre cause vous-même, et vous savez ce que vaut l'avocat hongrois, il est capable et courageux, il ne recule jamais devant la barre, c'est pourquoi je vous engage à traiter à l'amiable ; c'est ce que vous avez de mieux à faire pour votre sécurité et vos intérêts. Ceci n'est qu'un conseil d'ami......

Enfin, je ne saurais trop vous recommander de bien exécuter mon ordonnance ; et si votre varice prenait trop d'intensité et que la veine se gonflât, il faudrait vous faire transporter immédiatement de Vienne à Paris, alors je traiterais votre veine ici (Vénitie).

Allez. et si vous connaissez d'autres puissances qui soient indisposées, dites-leur que je ne fais payer ni mes consultations, ni mes médicaments, pas même mes services. Je suis assez philanthrope et assez riche pour donner le tout gratuitement..

LA SARDAIGNE SE PRÉSENTE.

LE DOCTEUR.

Et vous aussi, Madame, vous êtes du nombre des malades ; mais qu'avez-vous donc, asseyez-vous d'abord et expliquez-vous.

LA SARDAIGNE.

Généreux docteur, je viens à cause d'une extinction de voix qui m'est restée depuis que j'ai exécuté votre dernière ordonnance, et plusieurs médecins m'ont engagée à me représenter devant vous, attendu que c'est vous qui avez commencé le traitement de ma maladie.

LE DOCTEUR.

Je vous l'avoue, grande dame, j'ai lieu d'être surpris de votre visite, attendu que je vous ai laissée dans une position des plus satisfaisantes ; vous n'aviez plus rien à craindre ; nous avions ensemble détruit le mal qui vous faisait souffrir, qui n'était autre chose qu'un oppressement continuel. Tout était disparu, sauf une légère aphonie pour laquelle vous avez conservé un reste de regret, quand vraiment vous ne devriez pas en avoir; car, quelle était votre position au lieu de ce qu'elle est aujourd'hui. Vous voyez donc qu'on peut très-bien faire le sacrifice de sa voie pour rétablir sa santé; et par celle dont vous jouissez maintenant, vous devez reconnaître que mes ordonnances sont toutes régénératrices puisqu'elles agissent sur tous vos organes et doivent vous procurer un renouvellement de sang complet qui ne peut qu'augmenter vos forces. Pour mon compte je suis enchanté de vous voir grandir et enforcir chaque jour, et c'est avec un sentiment d'amitié bien sincère que je vous en témoigne ma satisfaction, de même que je vous engage à beaucoup de prudence et de sobriété. De même je ne peux vous dissimuler la crainte que m'inspire un de vos plus zélés serviteurs. Je le connais, c'est un athlète courageux et infatigable. C'est un étalon de la liberté, pur sang et de première race ; semblable à un coursier fougueux, il a besoin d'être tenu, en le prenant par la douceur et lui parlant avec familiarité. Vous pouvez lui serrer la bride de manière à le contenir dans ses élans ; mais ne lui faites pas trop sentir le mors, car il pourrait le prendre aux dents, et dans son vertige, vous jeter sans le vouloir dans l'un des précipices qui vous environnent. C'est un écueil qu'il faut éviter, car il en résulterait pour vous un cataclysme épouvantable. Pour cela, il suffit de diriger son intelligence avec calme et de lui faire apercevoir le danger, pour qu'il l'évite, car il a l'habitude de voir partout. C'est ainsi qu'en s'approchant de Naples, il a vu le char napolitain embourbé, il s'est approché du marécage, et lorsqu'il eut lancé son regard de feu et fait sortir des parois de sa poitrine sa magique voix, la fange a disparu; c'est alors que de ses mains calleuses il a remis le char sur la voie où il l'a dirigé avec sa-

sagesse et courage jusqu'au jour où il vous en fit la remise.

J'avais donc raison de vous dire que cet homme possédait quelque chose de mystérieux, sa parole tient du magnétisme, elle attire les hommes comme l'aimant attire la foudre. Vous le voyez vous-même, puisque partout où il se présente en votre nom, rien ne lui résiste. J'étais dans le vrai en vous disant d'avoir confiance en lui, ce qui prouverait une fois de plus au besoin que mes ordonnances sont calculées de manière à produire de bons résultats. Ce qui l'atteste, c'est que vous avez fait quelque chose qui est beaucoup sans doute

> En faisant aux soldats de Lamoricière
> Au premier combat mordre la poussière.

C'est un fait dont vous avez le droit de vous enorgueillir, mais il ne faut pas vous ralentir, vous êtes maintenant en pleines marches, c'est à vous de les bien diriger et au grand jour, fussiez-vous même dans l'ombre, puisque ombre il y a, vous ne devez pas moins rechercher le soleil, il éclairera votre conscience et vos actions, c'est alors qu'elles auront plus d'éclat. Je vous recommande surtout de ne pas chercher à effondrer le trône temporel du Saint-Père, c'est un vieux monument crevassé et lézardé dont les voûtes s'effondreront d'elles-mêmes faute de bonnes fondations. c'est pourquoi je tiens à sauvegarder la vie de Sa Sainteté et la soustraire aux dangers qui la menacent personnellement ; quant à ses cardinaux, lorsqu'ils verront que l'éteignoir du progrès est brisé, ils n'auront plus qu'à encaisser les faibles restes du denier de saint Pierre, réciter leur *Pater* et leur *Ave*, dire leur *Confiteor*, implorer Marie pour obtenir sa grâce et faire leur *meâ culpâ* ; alors monseigneur Antonelli pourra entonner le *de Profundis*, au moment de son *Requiem*, vous entonnerez l'hymne au Dieu de la Victoire, à la lueur de la torche résineuse de la Liberté, elle ne vous fera pas défaut, et tout cela sans vous hâter, ne précipitez pas trop les choses, n'allez même pas chercher la Vénétie, elle se mettra en route elle-même et vous préviendra du moment de son départ, vous n'aurez qu'à marcher au-devant d'elle, lui tendre votre généreuse main pour la conduire au sein de la grande famille, et ses eaux tomberont naturellement dans votre grand réservoir. Alors mon programme sera complet et l'espace qui sépare les Alpes de l'Adriatique sera pour toujours éclairé par le fanal électrique de l'affranchissement des peuples. C'est ainsi que tout vient à point à qui sait persévérer. Puisque vous avez maintenant reçu le baptême du plébiscite, ce verdict national institue pour vous un droit primordial qu'aucune puissance humaine ne peut vous discuter, sans se discuter elle-même son existence, attendu que le seul droit divin ne peut naître que de la volonté des peuples, car cette volonté représente celle de Dieu, exprimée librement par ses enfants. Je sais que vous comprenez cela aussi bien que moi, mais ce que vous devez comprendre encore c'est l'énormité des devoirs qui vous incombent. C'est donc sur ce point que je désire appeler votre attention en vous engageant à travailler activement à votre organisation. Faites de manière à arriver à une cosmogonie complète en formant une unité indivisible; pour ce qui est de vos institutions libérales, vous savez qu'elles sont toujours perfectibles comme toutes les choses humaines, je vous conseille de les établir sur de larges bases, vous réservant toujours le droit de les améliorer. Du reste, vous avez tout ce qu'il faut pour les faire croître et fleurir, vous possédez une terre de labour excellente, il suffit de la bien cultiver, de l'ensemencer convenablement, et d'en bien soigner la germination, elle vous en produira une assez grande quantité pour en donner à vos voisins lorsqu'ils seront disposés à en faire usage. . . . Je dis donner, parce que cette graine ne doit pas se vendre, elle appartient de droit à tous les peuples qui veulent s'en servir.

Une autre observation que j'ai à vous faire, c'est de ne pas oublier que nous avons ensemble démêlé l'écheveau qui était embrouillé, nous en avons fait un peleton que vous tenez entre vos mains, c'est au fond de ce peleton que se trouve renfermée votre destinée. A vous seule appartient de le dévider avec sagesse et modération afin d'en former le nœud gordien et sacré qui doit vous attacher à vos peuples. N'oubliez pas non plus que j'ai jeté dans le fleuve de votre renaissance le béton nécessaire à la construction de l'arche sainte de votre liberté. J'ai posé à Magenta la pierre de la première pile, considérée comme la pile angulaire de votre avenir. Je vous ai laissé sur le chantier de Solférino des matériaux tout préparés pour cette construction, dans lesquels vous aurez soin d'ajouter le ciment romain. J'ai remis en vos mains la truelle de la construction, c'est à vous d'achever l'édifice de votre nouvelle nationalité au sommet duquel vous placerez la couronne de l'Emancipation, et vos peuples viendront en foule bénir de leurs larmes de joie ce monument qui éternisera votre nom et perpétuera votre mémoire. . . . . Sur le fronton, vous ferez buriner ces trois noms : Victor-Emmanuel, Garibaldi, Cavour. Vous en formerez un triangle qui passera à la postérité et vous servira de quadrilatère. Voilà la sainte mission que vous êtes appelée à remplir. Je sais qu'elle est sacrée pour vous, du reste je tiens votre parole et je suis assuré que vous ne manquerez pas à sa sainteté ; car vous n'êtes plus mineure puisque vous avez mille ans de plus ; c'est au moins l'âge de la raison et de l'expérience ; j'ai donc le droit de compter sur vous, comme vous pouvez compter sur moi ; bonjour, chère voisine, retournez chez vous, cultivez les sillons de votre civilisation moderne, vous avez tout ce qu'il faut pour bien faire et arriver à une moisson complète en ayant soin de sortir l'ivraie du bon grain.

Je ne vous dirai rien du général en chef qui commandait l'armée du Saint-Père.

Etant Français de naissance et de cœur, j'ai toujours plaint les erreurs et excusé les fautes.

Maintenant, pour cette légère indisposition qui vous reste de votre extinction qui n'est nullement angineuse.

Voici l'ordonnance à suivre :

Prendre deux litres de vermouth de Turino.

Un cinquième d'eau du Pô, un cinquième d'eau du Tessin.

Un cinquième d'eau de l'Arno, un cinquième d'eau de l'Adige.

Un cinquième d'eau du Mincio et un cinquième d'eau de l'Adda.

Le tout annexé ensemble, vous y ajouterez cinquante pastilles de Calabres, puisque vous les avez à votre disposition. Vous ferez bouillir le tout ensemble pendant une heure, et vous en prendrez un verre le matin, en vous levant et un verre le soir en vous couchant. Vous remarquerez que je ne vous ordonne pas les eaux du Tibre, parce qu'elles sont encore teintes du sang des victimes des massacres de Pérouse, ordonnés au nom du Christ, pour la conservation d'un trône qui s'écroule et pour lequel, depuis des siècles, des millions de poitrines ont été brisées..... pour la gloire des Pères de l'Église, qui se disent les apôtres du Christ.....

Au revoir, bonne voisine, ayez soin d'exécuter bien régulièrement le contenu de la présente et je réponds de votre existence et de votre santé. Si cependant il surgissait quelques symptômes alarmants, faites-moi prévenir de suite, j'ai dans mon laboratoire tout ce qu'il faut pour conjurer le mal et éviter une chute si vous en étiez menacée. . . . . . . ,

LA PORTE SE PRÉSENTE.

LE DOCTEUR.

Comment c'est vous, Madame, qui revenez encore à ma consultation ; cela est inutile, je n'aime pas à soigner les malades qui ne suivent pas mes ordonnances, et vous n'en avez suivi aucune.

LA PORTE.

Permettez, célèbre Docteur, que je vous explique les motifs de ma visite. C'est que, depuis un certain temps je ne suis plus maître de mon sérail ; mes pachas s'en permettent l'entrée malgré mes ordres et mes eunuques mêmes se révoltent. Ne pourriez-vous pas m'accorder votre protection pour rétablir mon autorité?

LE DOCTEUR.

Pour l'instant je ne peux répondre à votre demande. Nous verrons s'il m'est possible d'y revenir. Je vous disais donc que de mes ordonnances vous n'en aviez suivi aucune.

Je vous avais prescrit un régime à suivre qui eût été pour

ous d'un bon résultat, il devait prolonger votre existence et méliorer votre position ; vous avez refusé d'en faire usage, ne voulant apporter aucune réforme dans votre manière de vivre ; bien que Mahomet vous défende de boire du vin, il ne vous a pas défendu de boire dans la coupe de la civilisation et de l'humanité ; c'est ce.que vous n'avez jamais voulu faire. Vous avez préféré suivre les conseils de ceux que vous nommez vos docteurs, qui ne sont autres que des ânes habitués à la servitude que vous leur imposez ; toujours prêts à satisfaire vos désirs, même au prix de votre existence. Espèce de coryphées, leurs conseils vous perdront et vous amèneront, ainsi que vos peuples, à vivre en cosmopolites ; c'est peut-être ce que vous auriez de mieux à faire dans la position où vous êtes, car déjà vos membres sont disloqués, vous êtes dans un état de prostration dont.vous ne pouvez sortir que par un accès spasmodique qui peut, immédiatement, vous causer la mort ; et c'est dans cette situation que vous venez réclamer les secours de ma science ; il est trop tard : ce n'est pas lorsque l'on est à l'agonie qu'on vient consulter le docteur, je ne peux donc apporter aucun remède à votre maladie, vous n'avez autre chose à faire que de prendre votre résolution et mourir du mal que vous vous.êtes vous-même causé par votre insouciance sur toutes choses ; vous vous êtes laissé engourdir. La somnolence s'est emparée de vos sens et vous vous êtes nonchalamment endormie sur votre Liban orné de Damas tellement fermé que vous n'avez pas vu ou plutôt pas voulu voir ce qui se passait autour de vous. Et, pour assouvir votre haine contre le christianisme, vous avez laissé faire ce que vous auriez pu empêcher.

Le chef de vos santis a lui-même donné ordre à ses cohortes de sauvages de fondre sur les Maronites. Et, comme une avalanche d'animaux farouches, ils sont sortis de leurs repaires en rugissant et ils ont dévoré leur proie, ce qui vous imprime au front la tache ineffaçable de l'ignominie. Cependant vous m'aviez bien promis que vous suivriez ma dernière ordonnance par laquelle je vous recommandais pour tout breuvage les eaux du Pruth, des Dardanelles, du Danube, du Bosphore et de l'Archipel, ces cinq eaux annexées ensemble c'eût été, pour vous, une boisson salutaire, qui vous aurait procuré, par son usage, une marche plus assurée et moins fatigante. Vous avez refusé encore de prendre ce liniment; et, au mépris de toutes les lois humaines, vous avez résolu de vous abreuver avec le sang chrétien, et c'est en l'an 1277 de l'Égire que vous commettez de semblables cruautés. Comme celles que vous avez commises, il y a trois siècles, quand vous vous êtes établie sur les ruines fumantes de Byzance. Cet acte, de la plus ignoble barbarie, ayant révolté toutes les consciences humaines, je n'ai pas hésité un instant à préparer le châtiment que vous méritez. C'est à cet effet que j'ai convoqué la réunion de plusieurs de mes confrères, pour délibérer en séance extraordinaire sur votre sort, attendu que vous vous êtes aliéné l'estime de toutes les nations civilisées; vous vous êtes engouffrée dans un golfe d'où vous ne pouvez plus sortir; voilà pourquoi vous êtes revenue me consulter,

> Vous présentant toujours sous la peau d'un mouton,
> Cachant dans votre cœur la rage du lion.

Je vous répète donc qu'il est trop tard. Le temps est venu de supprimer ce que vous appelez vos troupeaux de rayas et d'abolir aussi ce que vous appelez la capitation que vous prélevez sur chaque tête de tout ce qui n'est pas de votre religion, et si cela m'était possible, à l'exemple des Athéniens, je vous rapperais d'ostracisme pour le bien de l'humanité, à moins cependant que vous ne fassiez bien sincèrement un retour sur vous-même, car vous savez qu'en vieux soldat de la civilisation, mes principes ne sont pas destructeurs. Je suis toujours prêt à aider et protéger les saines doctrines, à respecter les croyances et protéger aussi le faible contre l'abus de la force. Vous savez du reste que la France est une généreuse mère dont les mamelles sont continuellement remplies du lait de la civilisation qu'elle ne craint pas de prodiguer chez toutes les nations, et dont vous ne voulez ni profiter ni faire usage, vous renfermant toujours dans le despotisme et l'arbitraire. Vous voyez cependant que je ne cherche pas à conquérir les possessions d'autrui ; ce que je désire conquérir, et faire triompher, c'est la morale, la loyauté et la conscience ; ces trois choses, à mon point de vue, sont indispensables pour l'élévation des peuples, c'est à ceux qui sont appelés à les diriger, à travailler à les leur faire obtenir en les pratiquant eux-mêmes, car c'est toujours d'en haut que vient la lumière. Vous voyez que je suis encore bien disposé, et que je ne repousse pas les repentirs quand ils sont sincères. Si les vôtres le sont vraiment, je suis disposé à faire tout ce qui dépendra de moi auprès de la grande consultation pour trouver, avec l'aide de leur science, les moyens de vous relever du démembrement où vous êtes et de l'agonie dans laquelle vous êtes tombée, car vous êtes vraiment dans le fond des catacombes. Dans ce cas je ne ferai qu'accomplir le mandat que j'ai reçu de Dieu et de la volonté de la nation qui m'a choisi pour la diriger, la représenter en toutes occasions et faire prévaloir les principes qu'elle professe. C'est ainsi qu'elle emploie sa force, c'est aussi pourquoi je tiens haut, bien haut, le drapeau qu'elle m'a confié. . . . . .

Ce noble drapeau de la France dont les héroïques enfants viennent de prouver une fois de plus au monde entier ce dont ils sont capables, en arborant le drapeau civilisateur sur les remparts de Pékin, et en scellant de leur sang la croix du christianisme dans la capitale du Céleste Empire, dont les murailles étaient infranchissables depuis des siècles. Un fait de cette nature doit, je crois, vous donner à réfléchir sur votre situation et sur les excès de votre islanisme, c'est ce que je vous engage à faire. Vous connaissez maintenant mes dispositions pacifiques à votre égard ; et sans faire abus de mon pouvoir discrétionnaire, je vous engage à faire toutes vos réflexions sur les fautes que vous avez commises, et sous peu de temps vous recevrez l'ordonnance que la consultation aura décidé de vous donner à suivre, à laquelle elle joindra son dernier ultimatum.

Mais pour l'instant, quant à protéger votre sérail, cela m'est impossible puisque la Porte est enfoncée.

Retirez-vous, et attendez patiemment le résultat de votre démarche.

CONCLUSION

L'Angleterre a mal aux côtes.

L'Allemagne a mal au Rhin.

L'Autriche a la venette.

La Sardaigne perd sa voie.

Et la Porte est enfoncée.

Paris. — Imprimerie de L. Tinterlin et Cᵉ, rue Neuve-des-Bons-Enfants, 3